全国职业院校智能网联汽车新形态工作手册式教材
全国技工院校智能网联汽车工学一体化教材

智能网联汽车计算平台部署与测试习题册

主 编 姜 成

中国劳动社会保障出版社

简介

本书是全国职业院校智能网联汽车新形态工作手册式教材 / 全国技工院校智能网联汽车工学一体化教材《智能网联汽车计算平台部署与测试》的配套用书。习题册内容紧扣教材的教学要求，注重基础知识的巩固和基本能力的培养，知识点分布均衡，题型丰富，难易适当，有助于学生复习巩固所学知识。

本书由姜成任主编，秦杰、夏敏参与编写。

图书在版编目（CIP）数据

智能网联汽车计算平台部署与测试习题册 / 姜成主编 . -- 北京：中国劳动社会保障出版社，2024

全国职业院校智能网联汽车新形态工作手册式教材 . 全国技工院校智能网联汽车工学一体化教材

ISBN 978-7-5167-6456-5

Ⅰ. ①智… Ⅱ. ①姜… Ⅲ. ①汽车 - 智能通信网 - 计算 - 测试平台 - 职业教育 - 习题集 Ⅳ. ①U463.67-44

中国国家版本馆 CIP 数据核字（2024）第 069577 号

中国劳动社会保障出版社出版发行

（北京市惠新东街 1 号 邮政编码：100029）

*

保定市中画美凯印刷有限公司印刷装订 新华书店经销

787 毫米 ×1092 毫米 16 开本 3.75 印张 57 千字

2024 年 4 月第 1 版 2024 年 4 月第 1 次印刷

定价：10.00 元

营销中心电话：400-606-6496

出版社网址：http://www.class.com.cn

http://jg.class.com.cn

Contents 目录

情境一
计算平台硬件安装

任务一　计算平台检查

一、填空题

1. 智能网联汽车驾驶系统分为__________、__________________和__________三个技术层级。

2. 智能网联汽车感知系统的硬件一般包含__________、________________________、______________和____________________。

3. 智能网联汽车决策与控制系统是智能网联汽车的“大脑”，代替驾驶员完成汽车________________、___________________和______________。

4. 智能网联汽车的执行系统包含_____________、______________、______________和______________等。

5. 智能网联汽车的电子电气架构的硬件包括相关的_________________、________________、______________与______________。

6. 典型的电子电气架构包含______________、________________、________________、____________________以及连接各个控制器的车载以太网。

7. 随着汽车向智能化、网联化发展，对汽车电子电气架构提出_________________、____________________和______________三方面的技术要求。

8. 整个电子电气架构要求具有良好的适应性，软件不再是基于某一固定硬件开发，而是要具备________、__________和________等特性。

9. 计算平台部件在各种技术资料中有______________、_________________等多种名称，在进行相关工作时需以技术手册为准。

10. 除了车规级计算平台，另外一类计算平台为开发用计算平台，通常为高性能工控机及相关套件。该类计算平台用于汽车开发阶段的__________、__________等场景。

11. 计算平台主要由软件系统和硬件系统两大部分组成，计算平台软件系统分为__________、__________和__________，硬件系统分为__________和__________。

12. 计算平台的硬件接口层与车辆平台上的__________、__________、__________和__________等连接。

13. 典型的自动驾驶计算平台部件的硬件架构层一般包括__________、__________和__________三类芯片处理器。

二、选择题

1. 智能网联汽车电子电气架构的英文缩写为（　　）。

A. E/EA　　B. E/EB

C. E/EC　　D. E/ED

2. 控制器的英文缩写为（　　）。

A. ACU　　B. BCU

C. DCU　　D. ECU

3. 汽车电子电气架构的类型不包含（　　）。

A. 分布式　　B. 域集中式

C. 单体式　　D. 车辆集中式

4. 目前，第三代汽车电子电气架构的应用状况为（　　）。

A. 不应用　　B. 大量应用

C. 较少应用　　D. 是未来的发展趋势

5. 车辆自适应巡航的英文缩写为（　　）。

A. ACC　　B. BCC　　C. DCC　　D. ECC

6. 工控机的英文缩写为（　　）。

A. MPC　　B. NPC　　C. IPC　　D. OPC

三、判断题

1. 智能网联汽车的决策与控制系统是智能网联汽车的“大脑”，可以综合分析并感知系统的各种信息，进行大量的计算机运算。（　　）

2. 执行系统支撑和实现决策与控制系统的期望目标，完成具体的车辆加速、减速、转向、制动等动作。（　　）

3. 典型的电子电气架构中的无线通信装置用于车辆与云服务、外部交通参与者等进行信息交换。（　　）

4. 根据驾乘舒适性与使用便捷性的市场需求，智能网联汽车的智能座舱、线控底盘等系统日趋复杂，汽车电子底层硬件控制器需要提供更为强大的算力支持，所以对于电子电气架构的安全可靠性要求没那么高。（　　）

5. 理想中的自动驾驶决策与控制层的控制器软件应能同时完成车身控制、底盘控制和动力控制等多个车辆系统的操控功能。（　　）

6. 随着车辆电气系统日益复杂，各个控制器、传感器等部件之间所传输的信息内容也越来越复杂，所以对信息传输的实时性提出了更严苛的要求。（　　）

7. 智能化与网联化共同推动了汽车电子电气架构的变革，其中一方面就是控制器的功能逐渐模块化。（　　）

8. 鉴于当前的技术成熟度，“车－云计算”电子电气架构完全可以匹配量产汽车产品的需要。（　　）

9. 自动驾驶计算平台部件的计算单元与人工智能单元的功能偏重于高性能计算，控制单元用于车辆的与安全性相关的控制。（　　）

10. 计算平台部件采用严格的工业级别设计，以保证电子部件在高温、驾驶颠簸等恶劣工况下能够正常运行。（　　）

四、简答题

1. 简述智能网联汽车感知系统的作用。

2. 简述第五代汽车电子电气架构技术的主要特征。

3. 简述智能网联汽车计算平台的功能。

4. 简述计算平台的安装及检查步骤。

5. 简述计算平台安装及检查的注意事项。

6. 简述计算平台安装及检查的内容。

任务二　计算平台硬件准备

一、填空题

1. 智能网联汽车计算平台采用异构分布式架构，具备________与________两个特性。

2. 目前的计算平台如奥迪 zFAS、特斯拉 FSD、英伟达 Xavier 等硬件主要由__________、_______________和__________三部分组成，每个单元完成各自的功能。

3. 计算平台中的计算单元主要用于___________________、_____________________和________________________等任务。

4. 车规级 CPU 采用的底层架构一般有________________和________________两种不同芯片架构。

5. 人工智能单元采用并行计算架构人工智能（AI）芯片，一般使用__________________的技术方案。

6. 现有计算平台的人工智能芯片具有以_________________、___________________和____________等为核心支持 AI 芯片的多种技术方案。

7. 主流现场可编程逻辑门阵列（FPGA）平台正逐步扩展为集成______________和__________________的系统级芯片平台。

8. 控制单元由多个______________和______________构成。

9. 英伟达 Drive PX 系统级芯片内置 6 种处理器，即____________、______________、____________、______________、______________和____________。

二、选择题

1. 人工智能的英文缩写为（　　）。

A. DI　　B. CI　　C. BI　　D. AI

2. 图形处理器的英文缩写为（　　）。

A. HPU　　B. GPU　　C. MPU　　D. NPU

3. 针对（　　）及以上等级的自动驾驶汽车，随着自动驾驶等级的提升，对计算平台的算力、接口等需求会相应增加。

A. L2　　B. L3　　C. L4　　D. L5

4. 多核中央处理器的英文缩写为（　　）。

A. CPU　　B. DPU　　C. EPU　　D. FPU

5. ASIC 表示（　　）集成电路。

A. 特种　　B. 多用途　　C. 专用　　D. 开放性

6. 现场可编程逻辑门阵列的英文缩写为（　　）。

A. FPGA　　B. FPGB　　C. FPGC　　D. FPGD

7. 特斯拉公司于 2019 年推出的完全无人驾驶系统是一款 FPGA 芯片，采用（　　）nm 工艺制造。

A. 5　　B. 7　　C. 14　　D. 30

8. 深度学习加速器的英文缩写为（　　）。

A. ALA　　B. BLA　　C. CLA　　D. DLA

9. 奥迪 zFAS 自动驾驶计算平台有（　　）个核心元件。

A. 1　　B. 2　　C. 3　　D. 4

三、判断题

1. 异构是指计算平台部件所采用的异构计算机芯片硬件方案。（　　）

2. 智能网联汽车的电子电气架构由众多单功能芯片逐渐集中为各个域控制器，L2及以上等级自动驾驶功能要求计算平台具备系统冗余、平滑扩展的特点。（　　）

3. 常用的计算单元由若干个多核中央处理器组成。（　　）

4. ARM 架构的中文名称为进阶精简指令集机器，是一个 64 位精简指令集（RISC）处理器架构。（　　）

5. 随着计算平台功能的丰富，近年来 ARM 在智能网联汽车中的应用逐渐广泛。（　　）

6. 在 ARM 架构软件开发便利性方面的编程工具和第三方开发软件较少，ARM 的编程语言大多采用 C 语言和 Java 语言。（　　）

7. 计算平台的人工智能单元主要负责各个环境感知传感器的数据处理任务。（　　）

8. 图形处理器（GPU）是一种具有同时处理大量简单计算任务的特殊的专用电子电路，是自动驾驶 AI 任务中所使用的主流芯片。（　　）

9. FPGA 的产品本身迭代速度比较快。（　　）

10. 在自动驾驶汽车中，原有的以控制器（ECU）为组成单位的计算架构已经无法适应现有需求。（　　）

11. 特斯拉公司于 2019 年推出的完全无人驾驶系统 FSD 是一款 FPGA 芯片，有专门独立的安全模块，只运行加密软件。（　　）

12. 英伟达 Drive PX 系统级芯片每秒可进行近 10 万亿次运算。（　　）

四、简答题

1. 简述智能网联汽车计算平台部件采用异构计算机芯片硬件方案的主要原因。

2. 简述异构计算机芯片硬件方案的几种形式。

3. 简述 ARM 架构的优点。

4. 简述 ARM 架构与 x86 架构在计算性能上的区别。

5. 相较于 GPU 和 CPU，简述现场可编程逻辑门阵列（FPGA）的主要优势。

6. 简述专用集成电路（ASIC）的优势。

7. 简述自动驾驶计算平台检查的工作内容。

任务三　计算平台工控机安装

一、填空题

1. 从广义上讲，工控机可分为__________和__________两大类。

2. 工控机与普通计算机相比，其在__________、__________和__________等方面都有专门的设计。

3. 工控机运行在比较恶劣的工业环境下，且对数据的安全性要求很高，具有加

固、______、______、______、______和强散热等特殊设计。

4. 根据散热方式不同，工控机可分为______和______两种类型。

5. 工控机的环境参数主要是指______、______、______、______和______等。

二、选择题

1. 工控机的平均无故障时间一般在（　　）万小时以上。

A. 5　　B. 10　　C. 15　　D. 20

2. 无风扇工控机采用 +5 V 或（　　）V 直流供电方式，同时配有交流适配器。

A. +8　　B. +10　　C. +12　　D. +14

三、判断题

1. 专用型工控机包括可编程序控制系统和数控系统等，一般安装在数控加工设备和控制设备上。（　　）

2. 工控机一般设有“看门狗”定时器，当其因系统故障死机时，无须人为干预即可自动复位运行。（　　）

3. 在智能网联汽车测试阶段，工控机一般被安装在车辆底部。（　　）

4. 工控机用于无人驾驶小车上时，一般被安装在车辆前部仪表板内部或仪表板上方。（　　）

5. 工控机的机箱、主板、电源、CPU 卡作为工控机组成部件，一般与普通计算机差别不大。（　　）

6. 工控机的电源参数是指输入电压与输出电压。（　　）

四、简答题

1. 简述工控机的定义及作用。

2. 简述传统工控机部件的特点。

3. 简述工控机的主要物理特性参数。

五、识图题

识别并按序号写出下图所示无人驾驶小车上的零部件名称。

无人驾驶小车

1—________ 2—________ 3—________

4—________ 5—________ 6—________

7—________ 8—________ 9—________

情境二
计算平台软件部署与测试

任务四　计算平台软件系统认知

一、填空题

1. __________是计算平台的基础框架软件，是车辆自动驾驶系统能够实时、准确、安全、高效运行的基础与核心。

2. 计算平台操作系统软件专门用于汽车场景的______、_________________系统运行环境。

3. 计算平台操作系统软件通常包含异构分布系统的__________、_________________和____________________等。

4. ________________是指能够在指定或者确定的时间内完成系统功能，在外部或内部、同步或异步时间做出响应的系统。

5. 智能网联汽车计算平台常用的内核系统主要有____________、_______________、____________和______________。

6. 作为智能网联汽车计算平台内核系统之一的Linux的主要特性包括__________、____________和______________，广泛支持芯片和硬件环境及应用层程序。

7. 在智能网联汽车计算平台上，_________________可以实现将不同的操作系统运行在同一个主控芯片上，成为跨平台应用和提高硬件利用率的重要途径。

8. 自动驾驶操作系统需要建立跨____________、_____________和_______________的数据分发服务机制。

9. 计算平台操作系统功能软件是指自动驾驶的核心共性功能模块，主要包括自动驾驶____________、_____________和______________等。

10. 高等级自动驾驶系统的自动驾驶通用框架包括____________、______________和____________等模块及其子模块。

11. 自动驾驶框架主要有_______________、_______________和_______________三种。

12. 端到端模块化框架以最终的驾驶性能为目标，可以细分为________________和________________两种框架。

13. 自动驾驶网联模块负责实现________________、_________________、________________、_________________和________________等网联自动驾驶功能。

14. 自动驾驶网联模块的数据包括___________________、______________________、________________等信息和其他车辆信息，通过 V2X（车用无线通信技术）获得。

15. 云控基础平台是用于为智能网联汽车及其用户、管理及服务机构等提供________________、_________________、_________________、_________________等动态基础数据的平台。

二、选择题

1. 软件定义汽车的英文缩写为（　　）。

A. SDU　　B. SDV　　C. SDW　　D. SDS

2. 在开发阶段，一般使用 Linux 系统作为计算平台的操作系统，相应的硬件选用（　　），对开发中的各个车辆先进驾驶系统、自动驾驶算法进行试验和验证。

A. 专用机器　　B. 家用台式机

C. 笔记本电脑　　D. 工控机

3. 数据分发服务的英文缩写为（　　）。

A. BDS　　B. CDS　　C. DDS　　D. EDS

4. 实时操作系统的英文缩写为（　　）。

A. RTOS　　B. STOS　　C. UTOS　　D. VTOS

5. 如果需要执行一个任务，（　　）操作系统会马上（或在较短时间内）执行该任务，不会有较长的延时。

A. 批处理　　B. 分时　　C. 网络　　D. 实时

6.（　　）是一个分布式、嵌入式且可规模扩展的实时操作系统，主要提供进程调度、进程间通信、底层网络通信和中断处理等服务。

A. QNX　　B. Linux

C. Android　　D. WinCE

7. QNX 建立在微内核和完全地址空间保护基础之上，其安全可靠性能可达到汽车安全完整性等级中（　　）级的需求。

A. A　　B. B　　C. C　　D. D

8. 自动驾驶（　　）模块是功能软件的核心和驱动部分。

A. 通用框架　　B. 网联　　C. 云控　　D. 规划

9. 自动驾驶（　　）及以上等级自动驾驶系统具备通用、共性的框架模块，如感知、规划、控制等模块及其子模块。

A. L1　　B. L2　　C. L3　　D. L4

10.（　　）的每个模块负责单独的子任务，其优点是易于调试迭代，缺点是解耦就会丢失最优性，各个模块的优化并不以驾驶为最终目标，并且每个模块的误差会传递到之后的模块。

A. 普通模块化框架　　B. 多任务模块化框架

C. 端到端模块化框架　　D. 耦合模块化框架

三、判断题

1. 随着汽车电子架构的革新，汽车硬件体系将逐渐趋于差异化。（　　）

2. 软件定义汽车意味着软件产品及相关的工作内容将不断驱动和优化各个环节的演进，实现体验持续优化、过程持续优化和价值持续创造。（　　）

3. 操作系统在架构上位于硬件系统之上，同时支撑各个应用软件运行。（　　）

4. 实时操作系统具备在事先定义的时间范围内识别和处理离散事件的能力。（　　）

5. 根据实时操作系统的性能要求，该系统中需要包含两个以上的实时任务调度器。（　　）

6. WinCE 是微软发布的多任务嵌入式系统，具有多任务抢占和硬实时的特点。由于该系统开发者数量较多，市场占有率较高。（　　）

7. 多任务模块化框架的缺点是在不同任务之间可能会存在负面影响。（　　）

8. 网联数据与单车传感器系统的多种环境感知手段相结合，经过数据融合处理后，能够将单车感知范围扩展到数百米，车辆的自动驾驶系统可根据感知信息控制车辆启停、减速等行为，实现车辆间防碰撞等功能。（　　）

9. 云控模块基于自动驾驶通用模块，提供云控基础平台所需数据支撑，形成车端－边缘云－区域云－中心云四级支撑体系，实现交通设施控制与车辆控制协同。（　　）

四、简答题

1. 简述计算平台操作系统的定义。

2. 简述计算平台操作系统的组成及功用。

3. 简述内核系统 Android 的优缺点。

4. 自动驾驶通用框架的功能主要体现在哪几个方面？

任务五　操作系统安装准备

一、填空题

1. Linux 是一个开源的操作系统（OS），于 1991 年首次发布，是一个___________、___________、___________和___________的操作系统。

2. 根据维护和更新服务不同，Ubuntu 系统版本分为___________与___________两个版本。

3. 为保证系统安装和运行正常，安装 Ubuntu 系统前需要对安装环境进行检查，检查的对象主要有计算平台的___________、___________、___________、___________、___________或 USB 安装介质等。

4. Ubuntu 系统有___________和___________两种下载方式。

二、选择题

1. 我国以（　　）公司为代表的科技公司为 Linux 系统作出了重要贡献，该公司贡献了一千多个补丁，涵盖了 CPU 休眠调控器默认可根据场景调整等系统特性，以及网络、文件系统、安全等关键子系统补丁，展现了我国科技工作者强大的技术实力以及为世界上该技术领域发挥的关键作用。

A. 华为　　　　B. 阿里巴巴

C. 小米　　　　D. 百度

2.（　　）系统是一个以桌面应用为主的 Linux 系统发行版操作系统，首次发布于 2004 年，是最著名和使用人数最多的 Linux 系统版本。

A. Apollo　　B. Windows　　C. DOS　　D. Ubuntu

3. Ubuntu 系统版本中的 LTS 版本的中文含义是（　　）支持。

A. 暂时性　　B. 短期

C. 长期　　D. 有限度

4. Ubuntu 系统一般每（　　）个月发布一个非 LTS 版本。

A. 3　　B. 6　　C. 9　　D. 12

5. Ubuntu 系统一般每（　　）年发布一个 LTS 版本。

A. 两　　B. 三　　C. 四　　D. 五

三、判断题

1. Linux 只支持 64 位硬件，能运行主要的 UNIX 工具软件、应用程序和网络协议。（　　）

2. Linux 系统是类 UNIX 操作系统，该软件具有版权。（　　）

3. Linux 系统被称为“可以运行在任何硬件上的操作系统”。（　　）

4. Ubuntu 系统支持蓝牙输入设备，如蓝牙鼠标、蓝牙键盘等。（　　）

5. Ubuntu 系统 LTS 版本的特点是注重稳定性和可靠性，具有更长的支持周期，适用于对稳定性要求较高的企业用户和服务器环境。（　　）

6. 非 LTS 版本的使用者更加关注新功能和软件更新，适合大企业及开发公司，可以不断探索最新的技术和功能。（　　）

7. 各发行版本的 Ubuntu 系统对安装环境需求信息的获取途径只有一种，即系统安装手册。（　　）

8. 从官网下载 Ubuntu 系统的优点是界面友好，缺点是服务器在国外，下载速度较慢。（　　）

9. Ubuntu 系统采用镜像下载方式的下载速度比官网下载速度慢。（　　）

四、简答题

1. 简述 Linux 系统的特点，并对其进行简要说明。

2. 简述 Ubuntu 系统的特点，并对其进行简要说明。

任务六　操作系统安装与测试

一、填空题

1. 在计算平台上安装 Ubuntu 系统一般有____________和____________两种方法。

2. 基本输入输出系统是一组固化到计算机主板一个 ROM 芯片上的程序，保存着计算机中最重要的____________、____________、____________和____________。

3. 安装 Ubuntu 系统需要创建四个分区，即____________、____________、____________和____________。

4. Ubuntu 终端常用的打开方法有____________和____________两种。

5. 进行 Ubuntu 系统硬件的硬盘空间检查时，在终端输入“df”，会分别显示硬盘的____________和____________。

二、选择题

1. 在计算平台上安装 Ubuntu 系统时，需要准备一个存储空间在（　　）GB 以上的 U 盘。

A. 6　　B. 8　　C. 10　　D. 12

2. 基本输入输出系统的英文缩写为（　　）。

A. BIOS　　B. CIOS　　C. DIOS　　D. EIOS

3. 安装 Ubuntu 系统时，一般要求根分区大小在（　　）GB 以上。

A. 5　　B. 10　　C. 15　　D. 20

4. 进行 Ubuntu 系统硬件的内存信息检查时，按（　　）组合快捷键可调出终端窗口。

A. Ctrl+Alt+F　　B. Ctrl+Alt+T　　C. Ctrl+Alt+S　　D. Ctrl+Alt+X

三、判断题

1. 在计算平台上安装 Ubuntu 系统时，若采用直接安装法安装，是在计算机 Windows 系统基础上，利用虚拟机安装 Ubuntu 系统。（　　）

2. 基本输入输出系统是连接软件与硬件的一座“桥梁”，是计算机开启时运行的第一个程序，其主要功能是为计算机提供最底层、最直接的硬件设置和控制。（　　）

3. 安装 Ubuntu 系统 Swap 分区可提供虚拟内存空间，其空间大小通常为物理内存的一倍左右。（　　）

4. 安装 Ubuntu 系统引导分区（/boot）可用于引导系统，包含操作系统内核和启动过程中所要用到的文件，一般要求其大小为 200 MB ~ 2 GB。（　　）

5. 采用间接安装法安装 Ubuntu 系统时，需先下载 VMWARE WORKSTATION PRO 软件。（　　）

四、简答题

简述采用直接安装法在计算平台上安装 Ubuntu 系统的安装步骤。

五、填表题

将下面的 Ubuntu 系统的基本指令表补充完整。

Ubuntu 系统的基本指令

序号	命令	对应英文	作用
1	ls	list	
2	cd[路径名]		切换指定文件夹
3		print.work.directory	查看当前路径
4	mkdir[路径名]	make.directory	
5	touch	touch	
6	rm[文件名]		删除指定文件
7	source[文件名]	source	
8	clear	clear	

任务七　中间件 ROS 安装

一、填空题

1. 智能驾驶系统中的中间件的核心思想是______________、________________和________________。

2. 中间件的分散实现，是指软件系统______________和______________，并且降低应用与平台之间的耦合度。

3. 汽车开放系统架构具有________________和________________两类平台。

4. 由于 ROS 1 基于 TCP/IP 通信机制，导致其具有以下缺陷：________________、__________________和________________________。

5. 主流中间件软件有______________、______________和______________等。

6. 中间件软件 CyberRT 具有______________、______________、________________和____________四个主要功能。

7. ROS 官方给安装者提供了四个安装方案，分别为__________________、____________________、___________________和__________________。

二、选择题

1. AUTOSAR 是（　　）系统架构的缩写。

A. 汽车开放　　　　B. 汽车封闭

C. 汽车半开放　　　　D. 汽车全开放

2. 具有自适应平台的汽车开放系统架构主要运行在（　　）bits 以上的高性能 MPU

（微处理器单元）/SOC（嵌入式处理器）上，对应自动驾驶的高性能电子系统。

A. 32　　B. 48　　C. 64　　D. 80

3. 机器人操作系统的英文缩写为（　　）。

A. UOS　　B. VOS　　C. WOS　　D. ROS

4. CyberRT 又称 CyberRT 框架，是我国（　　）公司为其阿波罗自动驾驶平台所开发的中间件。

A. 网易　　B. 百度　　C. 金山　　D. 腾讯

5. Ubuntu 20.04 LTS 系统对应 ROS 2.0（　　）版本。

A. Kinetic LTS　　B. Noetic LTS　　C. Ardent　　D. Foxy LTS

6. Ubuntu 系统将可从互联网下载并安装的软件分为（　　）类。

A. 四　　B. 五　　C. 六　　D. 七

三、判断题

1. 智能驾驶系统中的中间件通过统一标准，为不同汽车企业提供一个通用的开放平台。（　　）

2. 智能驾驶系统中的中间件的集中配置是指当不同模块来自不同的软件供应商时，软件之间存在复杂的相互联系，为了整合并完善系统，需将所有模块的配置信息以统一的格式集中管理起来，集中配置后生成系统。（　　）

3. 在开发和调试自动泊车系统时，需要通过算法获取一个摄像头感知到的车辆一侧的车位线信息，工程人员仅需要专注于车位线检测算法，与外界的数据交互使用中间件的通信服务即可完成，工程人员需要关心车位线数据来源的具体部件和信号传输路径。（　　）

4. 汽车开放系统架构是由某一家软件公司开发出来的某款操作系统或中间件产品。（　　）

5. 传统平台的汽车开放系统架构一般应用在对实时性和功能安全要求较高、对算力要求较低的场景中。（　　）

6. 传统平台的汽车开放系统架构可以实现自动驾驶。　　（　　）

7. 中间件软件 ROS 2 可以部署在多种操作系统中；ROS 1 主要构建于 Linux 系统之上，主要支持 Ubuntu 系统。　　（　　）

8. 中间件软件 ROS 1 和 ROS 2 的通信机制相同。　　（　　）

9. 相对于 ROS 1，ROS 2 的稳定性更强，对资源的消耗更低。　　（　　）

10. ROS 相对于 Ubuntu 系统而言属于第三方软件，因此，需要在安装前输入密钥指令。　　（　　）

11. ROS 的安装全程需保持网络状态良好，由于网络原因而连接超时可能会导致其安装失败，只能重新安装。　　（　　）

四、简答题

1. 简述在智能驾驶系统中，中间件的定义。

2. 中间件的具体作用体现在哪些方面？

3. 简述通过中间件可以实现的目标。

4. 简述中间件的应用范围。

5. 中间件软件 CyberRT 的突出特点是专为无人驾驶设计，简述其优势。

6. 简述中间件软件 ROS 的安装步骤。

任务八　中间件 ROS 配置与测试

一、填空题

1. ROS 的基本功能是作为中间件为机器人和汽车自动驾驶软件提供通信和资源管理服务，在此基础上，ROS 由________、________、________与________四大部分组成。

2. ROS 开发工具分为________、________和________三大类。

3. ROS 拥有众多的现成应用模块，其中包括________、________、________和________四大类。

4. ROS 生态系统主要由________和________两部分构成。

5. ROS 系统配置工作的主要内容包括________、________、________和________四项。

6. ________指的是一个 ROS 软件包所依赖的其他 ROS 软件包。

7. ROS 是硬件抽象、________、________、________、进程间消息传递和软件包管理等一系列程序库和工具的集合。

8. ROS 的工作机制中包含节点、________、________、________、________

和消息记录包等基本概念。

9. ROS 中的________是一种同时使用请求和响应的一对一消息交换机制。

10. ROS 管理者又称 ROS 控制器，其位于节点之上，管控所有节点的正常工作，具体功能包括____________________、__________________和______________________等。

11. ROS 中与节点管理器相关的命令行工具是________________。

12. ROS 中的________________可以帮助记录一些难以收集的传感器数据，然后通过反复回放数据进行算法的性能开发和测试。

13. ROS 常用的通信机制有________________与________________两种。

14. 在话题通信实现模型中，在 ROS master（管理者）的管理下，talker 的角色是______________，listener 的角色是______________。

15. 在服务通信实现模型中，在 ROS master（管理者）的管理下，talker 的角色是________________，listener 的角色是________________。

16. 参数服务器在 ROS 中的作用是____。

17. 在参数通信实现模型中，在 ROS master（管理者）的管理下，talker 的角色是________________，listener 的角色是________________。

18. ROS 集成开发环境是为程序开发提供便利的应用程序，通常包括____________、______________、_____________和________________等工具。

19. ROS 中所使用的编程语言主要是______________和____________。

20. ROS 进行通信测试的通常做法是分别建立______________和______________程序，查看信息传递情况。

二、选择题

1. 在 ROS 开发工具中，(　　) 工具是其他科技公司基于其成熟工具软件利用插件或接口与 ROS 进行系统兼容的工具。

A. 后开发　　B. 编译与测试　　C. 第三方　　D. 原生

2. 在 ROS 中，(　　) 通常被用作请求智能设备执行特定操作时使用的命令，或者

用于根据特定条件需要产生事件的节点。

A. 消息　　B. 话题　　C. ROS 管理者　　D. 服务

3.（　　）通信基于发布订阅模式，即一个节点发布消息，另一个节点订阅该消息。

A. 交互　　B. 话题　　C. 服务　　D. 支持

4. 集成开发环境的英文缩写为（　　）。

A. IDE　　B. IDF　　C. IDG　　D. IDH

三、判断题

1. ROS 通信机制可以被简单地比喻为“一栋建筑物内部的供水管道”。（　　）

2. ROS 1 的核心是点对点的分布式通信机制。（　　）

3. 在自动驾驶领域大规模应用方面，ROS 的实时性、稳定性、兼容性因其通信机制而不受限制。（　　）

4. 工程管理工具 catkin、可视化工具 rviz、qt 工具箱和命令行工具是 ROS 系统开发人员编写的开发用软件。（　　）

5. ROS 拥有众多的现成应用模块，便于使用者直接采用，以节省开发时间。（　　）

6. ROS 应用功能中的上层功能类包括导航、环境感知和语音识别等。（　　）

7. ROS 应用功能中的常用组件类包括控制器、硬件资源和控制器管理器等。（　　）

8. 设置环境变量时，为了能方便地找到 ROS 命令所在的位置，需要对 ROS 的环境变量进行设置。（　　）

9. 安装运行核心 ROS 软件包后，不再需要进一步安装常用的命令行工具和其他一些依赖。（　　）

10. 在使用 ROS 工具之前，不需要先初始化 rosdep。（　　）

11. ROS 是以节点的形式开发的，节点是根据任务目的可细分、可执行程序的最小单位。（　　）

12. ROS 提供用于处理节点的工具，用于节点信息、状态、可用性等的查询操作。（　　）

13. ROS 中的服务采用异步消息交换机制。（ ）

14. ROS 中的服务是一次性消息通信。（ ）

15. 服务通信是 ROS 中使用频率最高的一种通信模式。（ ）

16. 话题通信适用于不断更新的数据传输相关的应用场景。（ ）

17. 话题通信的信息流只能由发布者流向接收者，而且节点之间的通信无延迟。（ ）

18. 服务通信更适用于对实时性有要求、具有一定逻辑处理能力的应用场景。（ ）

19. ROS 中的参数服务器是独立于所有节点的一个公共容器。（ ）

20. ROS 中的参数服务器一般适用于存在数据共享的一些应用场景。（ ）

21. 在 ROS 所使用的编程语言中，Python 的运行效率高，但是编码效率低。（ ）

22. 在 ROS 所使用的编程语言中，Python 一般用于对性能无要求的场景。（ ）

四、简答题

1. 简述 ROS 提供的获取消息的命令工具。

2. 简述 ROS 提供的操作话题的主要命令工具。

五、填表题

1. 将下面的话题通信与服务通信的对比表补充完整。

话题通信与服务通信的对比

类别	话题	服务
同步性		
通信模式		
底层协议		
反馈机制		
缓冲区		
实时性		
节点关系		
使用场景		

2. 将下面的 ROS 文件系统常用命令的含义表补充完整。

ROS 文件系统常用命令的含义

类别	命令	含义
增加	catkin__create__pkg 自定义包名 依赖包	
	sudo.apt.install. × × ×	
删除	sudo.apt.purge. × × ×	
查询	rospack.list	
	rospack.find. 包名	
	ros.cd. 包名	
	ros.ls. 包名	
	apt.search. × × ×	
修改	rosed 包名 文件名	
执行	roscore	
	rosrun 包名 可执行文件名	
	roslaunch 包名 launch 文件名	

综合试卷（一）

一、填空题（每空 1 分，共 40 分）

1. 智能网联汽车驾驶系统分为____________、____________和____________三个技术层级。

2. 智能网联汽车的执行系统包含____________、____________、____________和____________等。

3. 智能网联汽车的电子电气架构的硬件包括相关的____________、____________、____________与____________。

4. 目前的计算平台如奥迪 zFAS、特斯拉 FSD、英伟达 Xavier 等硬件主要由____________、____________和____________三部分组成，每个单元完成各自的功能。

5. 计算平台中的计算单元主要用于____________、____________和____________等任务。

6. 从广义上讲，工控机可分为____________和____________两大类。

7. 在智能网联汽车计算平台上，____________可以实现将不同的操作系统运行在同一个主控芯片上，成为跨平台应用和提高硬件利用率的重要途径。

8. 自动驾驶操作系统需要建立跨____________、____________和____________的数据分发服务机制。

9. 计算平台操作系统功能软件是指自动驾驶的核心共性功能模块，主要包括自动驾驶____________、____________和____________等。

10. 根据维护和更新服务不同，Ubuntu 系统版本分为____________与____________两个版本。

11. 基本输入输出系统是一组固化到计算机主板一个 ROM 芯片上的程序，保存着计算机中最重要的____________、____________、____________和____________。

12. 智能驾驶系统中的中间件的核心思想是____________、____________和

________。

13. 中间件的分散实现，是指软件系统________和________，并且降低应用与平台之间的耦合度。

14. ROS 中的________可以帮助记录一些难以收集的传感器数据，然后通过反复回放数据进行算法的性能开发和测试。

15. ROS 常用的通信机制有________与________两种。

二、选择题（每题 1 分，共 15 分）

1. 智能网联汽车电子电气架构的英文缩写为（　　）。

A. E/EA　　B. E/EB　　C. E/EC　　D. E/ED

2. 目前，第三代汽车电子电气架构的应用状况为（　　）。

A. 不应用　　B. 大量应用　　C. 较少应用　　D. 是未来的发展趋势

3. 人工智能的英文缩写为（　　）。

A. DI　　B. CI　　C. BI　　D. AI

4. 多核中央处理器的英文缩写为（　　）。

A. CPU　　B. DPU　　C. EPU　　D. FPU

5. ASIC 表示（　　）集成电路。

A. 特种　　B. 多用途　　C. 专用　　D. 开放性

6. 工控机的平均无故障时间一般在（　　）万小时以上。

A. 5　　B. 10　　C. 15　　D. 20

7. 无风扇工控机采用 +5 V 或（　　）V 直流供电方式，同时配有交流适配器。

A. +8　　B. +10　　C. +12　　D. +14

8. 如果需要执行一个任务，（　　）操作系统会马上（或在较短时间内）执行该任务，不会有较长的延时。

A. 批处理　　B. 分时　　C. 网络　　D. 实时

9.（　　）是一个分布式、嵌入式且可规模扩展的实时操作系统，主要提供进程调度、进程间通信、底层网络通信和中断处理等服务。

A. QNX　　B. Linux　　C. Android　　D. WinCE

10. 我国以（　　）公司为代表的科技公司为 Linux 系统作出了重要贡献，该公司贡献了一千多个补丁，涵盖了 CPU 休眠调控器默认可根据场景调整等系统特性，以及网络、文件系统、安全等关键子系统补丁，展现了我国科技工作者强大的技术实力以及为世界上该技术领域发挥的关键作用。

A. 华为　　B. 阿里巴巴　　C. 小米　　D. 百度

11.（　　）系统是一个以桌面应用为主的 Linux 系统发行版操作系统，首次发布于 2004 年，是最著名和使用人数最多的 Linux 系统版本。

A. Apollo　　B. Windows　　C. DOS　　D. Ubuntu

12. 基本输入输出系统的英文缩写为（　　）。

A. BIOS　　B. CIOS　　C. DIOS　　D. EIOS

13. AUTOSAR 是（　　）系统架构的缩写。

A. 汽车开放　　B. 汽车封闭　　C. 汽车半开放　　D. 汽车全开放

14. 具有自适应平台的汽车开放系统架构主要运行在（　　）bits 以上的高性能 MPU（微处理器单元）/SOC（嵌入式处理器）上，对应自动驾驶的高性能电子系统。

A. 32　　B. 48　　C. 64　　D. 80

15. 在 ROS 中，（　　）通常被用作请求智能设备执行特定操作时使用的命令，或者用于根据特定条件需要产生事件的节点。

A. 消息　　B. 话题　　C. ROS 管理者　　D. 服务

三、判断题（每题 1 分，共 25 分）

1. 智能网联汽车的决策与控制系统是智能网联汽车的“大脑”，可以综合分析并感知系统的各种信息，进行大量的计算机运算。（　　）

2. 执行系统支撑和实现决策与控制系统的期望目标，完成具体的车辆加速、减速、转向、制动等动作。（　　）

3. 智能化与网联化共同推动了汽车电子电气架构的变革，其中一方面就是控制器的功能逐渐模块化。（ ）

4. 鉴于当前的技术成熟度，“车－云计算”电子电气架构完全可以匹配量产汽车产品的需要。（ ）

5. 常用的计算单元由若干个多核中央处理器组成。（ ）

6. ARM 架构的中文名称为进阶精简指令集机器，是一个 64 位精简指令集（RISC）处理器架构。（ ）

7. 随着计算平台功能的丰富，近年来 ARM 在智能网联汽车中的应用逐渐广泛。（ ）

8. 专用型工控机包括可编程序控制系统和数控系统等，一般安装在数控加工设备和控制设备上。（ ）

9. 工控机一般设有“看门狗”定时器，当其因系统故障死机时，无须人为干预即可自动复位运行。（ ）

10. 随着汽车电子架构的革新，汽车硬件体系将逐渐趋于差异化。（ ）

11. 软件定义汽车意味着软件产品及相关的工作内容将不断驱动和优化各个环节的演进，实现体验持续优化、过程持续优化和价值持续创造。（ ）

12. 操作系统在架构上位于硬件系统之上，同时支撑各个应用软件运行。（ ）

13. Ubuntu 系统支持蓝牙输入设备，如蓝牙鼠标、蓝牙键盘等。（ ）

14. Ubuntu 系统 LTS 版本的特点是注重稳定性和可靠性，具有更长的支持周期，适用于对稳定性要求较高的企业用户和服务器环境。（ ）

15. 非 LTS 版本的使用者更加关注新功能和软件更新，适合大企业及开发公司，可以不断探索最新的技术和功能。（ ）

16. 在计算平台上安装 Ubuntu 系统时，若采用直接安装法安装，是在计算机 Windows 系统基础上，利用虚拟机安装 Ubuntu 系统。（ ）

17. 基本输入输出系统是连接软件与硬件的一座“桥梁”，是计算机开启时运行的第一个程序，其主要功能是为计算机提供最底层、最直接的硬件设置和控制。（ ）

18. 智能驾驶系统中的中间件的集中配置是指当不同模块来自不同的软件供应商时，软件之间存在复杂的相互联系，为了整合并完善系统，需将所有模块的配置信息

以统一的格式集中管理起来，集中配置后生成系统。 （ ）

19. 在开发和调试自动泊车系统时，需要通过算法获取一个摄像头感知到的车辆一侧的车位线信息，工程人员仅需要专注于车位线检测算法，与外界的数据交互使用中间件的通信服务即可完成，工程人员需要关心车位线数据来源的具体部件和信号传输路径。 （ ）

20. 汽车开放系统架构是由某一家软件公司开发出来的某款操作系统或中间件产品。 （ ）

21. ROS 通信机制可以被简单地比喻为“一栋建筑物内部的供水管道”。 （ ）

22. ROS 1 的核心是点对点的分布式通信机制。 （ ）

23. 设置环境变量时，为了能方便地找到 ROS 命令所在的位置，需要对 ROS 的环境变量进行设置。 （ ）

24. 安装运行核心 ROS 软件包后，不再需要进一步安装常用的命令行工具和其他一些依赖。 （ ）

25. 在使用 ROS 工具之前，不需要先初始化 rosdep。 （ ）

四、简答题（每题 4 分，共 20 分）

1. 简述智能网联汽车感知系统的作用。

2. 简述异构计算机芯片硬件方案的形式。

3. 简述传统工控机部件的特点。

4. 简述采用直接安装法在计算平台上安装 Ubuntu 系统的安装步骤。

5. ROS 提供的操作话题的主要命令工具有哪些？

综合试卷（二）

一、填空题（每空1分，共40分）

1. 智能网联汽车感知系统的硬件一般包含________、________、________和________。

2. 典型的电子电气架构包含________、________、________、________以及连接各个控制器的车载以太网。

3. 随着汽车向智能化、网联化发展，对汽车电子电气架构提出________、________和________三方面的技术要求。

4. 人工智能单元采用并行计算架构人工智能（AI）芯片，一般使用________的技术方案。

5. 现有计算平台的人工智能芯片具有以________、________和________等为核心支持AI芯片的多种技术方案。

6. 工控机与普通计算机相比，其在________、________、________等方面都有专门的设计。

7. ________是指能够在指定或者确定的时间内完成系统功能，在外部或内部、同步或异步时间做出响应的系统。

8. 智能网联汽车计算平台常用的内核系统主要有________、________、________和________。

9. 作为智能网联汽车计算平台内核系统之一的Linux的主要特性包括________、________和________，广泛支持芯片和硬件环境及应用层程序。

10. 在计算平台上安装Ubuntu系统一般有________和________两种方法。

11. 安装Ubuntu系统需要创建四个分区，即________、________、________和________。

12. 汽车开放系统架构具有________和________两类平台。

13. 由于 ROS 1 基于 TCP/IP 通信机制，导致其具有以下缺陷：________________、________________和________________________。

14. ______________指的是一个 ROS 软件包所依赖的其他 ROS 软件包。

15. ROS 中的__________是一种同时使用请求和响应的一对一消息交换机制。

16. 参数服务器在 ROS 中的作用是____。

二、选择题（每题 1 分，共 15 分）

1. 控制器的英文缩写为（　　）。

A. ACU　　B. BCU　　C. DCU　　D. ECU

2. 车辆自适应巡航的英文缩写为（　　）。

A. ACC　　B. BCC　　C. DCC　　D. ECC

3. 图形处理器的英文缩写为（　　）。

A. HPU　　B. GPU　　C. MPU　　D. NPU

4. 现场可编程逻辑门阵列的英文缩写为（　　）。

A. FPGA　　B. FPGB　　C. FPGC　　D. FPGD

5. 特斯拉公司于 2019 年推出的完全无人驾驶系统是一款 FPGA 芯片，采用（　　）nm 工艺制造。

A. 5　　B. 7　　C. 14　　D. 30

6. 软件定义汽车的英文缩写为（　　）。

A. SDU　　B. SDV　　C. SDW　　D. SDS

7. 在开发阶段，一般使用 Linux 系统作为计算平台的操作系统，相应的硬件选用（　　），对开发中的各个车辆先进驾驶系统、自动驾驶算法进行试验和验证。

A. 专用机器　　B. 家用台式机

C. 笔记本电脑　　D. 工控机

8. QNX 建立在微内核和完全地址空间保护基础之上，其安全可靠性能可达到汽车安全完整性等级中（　　）级的需求。

A. A　　B. B　　C. C　　D. D

9. 自动驾驶（　　）模块是功能软件的核心和驱动部分。

A. 通用框架　　B. 网联　　C. 云控　　D. 规划

10. Ubuntu 系统版本中的 LTS 版本的中文含义是（　　）支持。

A. 暂时性　　B. 短期　　C. 长期　　D. 有限度

11. Ubuntu 系统一般每（　　）个月发布一个非 LTS 版本。

A. 3　　B. 6　　C. 9　　D. 12

12. 安装 Ubuntu 系统时，一般要求根分区大小在（　　）GB 以上。

A. 5　　B. 10　　C. 15　　D. 20

13. 机器人操作系统的英文缩写为（　　）。

A. UOS　　B. VOS　　C. WOS　　D. ROS

14. CyberRT 又称 CyberRT 框架，是我国（　　）公司为其阿波罗自动驾驶平台所开发的中间件。

A. 网易　　B. 百度　　C. 金山　　D. 腾讯

15.（　　）通信基于发布订阅模式，即一个节点发布消息，另一个节点订阅该消息。

A. 交互　　B. 话题　　C. 服务　　D. 支持

三、判断题（每题 1 分，共 25 分）

1. 典型的电子电气架构中的无线通信装置用于车辆与云服务、外部交通参与者等进行信息交换。（　　）

2. 根据驾乘舒适性与使用便捷性的市场需求，智能网联汽车的智能座舱、线控底盘等系统日趋复杂，汽车电子底层硬件控制器需要提供更为强大的算力支持，所以对于电子电气架构的安全可靠性要求没那么高。（　　）

3. 自动驾驶计算平台部件的计算单元与人工智能单元的功能偏重于高性能计算，控制单元用于车辆的与安全性相关的控制。（　　）

4. 计算平台部件采用严格的工业级别设计，以保证电子部件在高温、驾驶颠簸等恶劣工况下能够正常运行。 （ ）

5. 在 ARM 架构软件开发便利性方面的编程工具和第三方开发软件较少，ARM 的编程语言大多采用 C 语言和 Java 语言。 （ ）

6. 计算平台的人工智能单元主要负责各个环境感知传感器的数据处理任务。 （ ）

7. 图形处理器（GPU）是一种具有同时处理大量简单计算任务的特殊的专用电子电路，是自动驾驶 AI 任务中所使用的主流芯片。 （ ）

8. 在智能网联汽车测试阶段，工控机一般被安装在车辆底部。 （ ）

9. 工控机用于无人驾驶小车上时，一般被安装在车辆前部仪表板内部或仪表板上方。 （ ）

10. 实时操作系统具备在事先定义的时间范围内识别和处理离散事件的能力。 （ ）

11. 根据实时操作系统的性能要求，该系统中需要包含两个以上的实时任务调度器。 （ ）

12. WinCE 是微软发布的多任务嵌入式系统，具有多任务抢占和硬实时的特点。由于该系统开发者数量较多，市场占有率较高。 （ ）

13. 各发行版本的 Ubuntu 系统对安装环境需求信息的获取途径只有一种，即系统安装手册。 （ ）

14. 从官网下载 Ubuntu 系统的优点是界面友好，缺点是服务器在国外，下载速度较慢。 （ ）

15. Ubuntu 系统采用镜像下载方式的下载速度比官网下载速度慢。 （ ）

16. 安装 Ubuntu 系统 Swap 分区可提供虚拟内存空间，其空间大小通常为物理内存的一倍左右。 （ ）

17. 安装 Ubuntu 系统引导分区（/boot）可用于引导系统，包含操作系统内核和启动过程中所要用到的文件，一般要求其大小为 200 MB ~ 2 GB。 （ ）

18. 传统平台的汽车开放系统架构一般应用在对实时性和功能安全要求较高、对算力要求较低的场景中。 （ ）

19. 传统平台的汽车开放系统架构可以实现自动驾驶。 （ ）

20. 中间件软件 ROS 2 可以部署在多种操作系统中；ROS 1 主要构建于 Linux 系统之上，主要支持 Ubuntu 系统。 (　　)

21. 在自动驾驶领域大规模应用方面，ROS 的实时性、稳定性、兼容性因其通信机制而不受限制。 (　　)

22. 工程管理工具 catkin、可视化工具 rviz、qt 工具箱和命令行工具是 ROS 系统开发人员编写的开发用软件。 (　　)

23. ROS 提供用于处理节点的工具，用于节点信息、状态、可用性等的查询操作。 (　　)

24. ROS 中的服务采用异步消息交换机制。 (　　)

25. ROS 中的服务是一次性消息通信。 (　　)

四、简答题（每题 4 分，共 20 分）

1. 简述智能网联汽车计算平台的功能。

2. 简述 ARM 架构与 x86 架构在计算性能上的区别。

3. 简述计算平台操作系统的组成及功用。

4. 简述 Ubuntu 系统的特点，并对其进行简要说明。

5. 中间件的具体作用体现在哪些方面？

综合试卷（三）

一、填空题（每空 1 分，共 40 分）

1. 智能网联汽车决策与控制系统是智能网联汽车的“大脑”，代替驾驶员完成汽车__________、__________和__________。

2. 计算平台部件在各种技术资料中有__________、__________等多种名称，在进行相关工作时需以技术手册为准。

3. 除了车规级计算平台，另外一类计算平台为开发用计算平台，通常为高性能工控机及相关套件。该类计算平台用于汽车开发阶段的__________、__________等场景。

4. 主流现场可编程逻辑门阵列（FPGA）平台正逐步扩展为集成__________和__________的系统级芯片平台。

5. 控制单元由多个__________和__________构成。

6. 根据散热方式不同，工控机可分为__________和__________两种类型。

7. __________是计算平台的基础框架软件，是车辆自动驾驶系统能够实时、准确、安全、高效运行的基础与核心。

8. 计算平台操作系统软件专门用于汽车场景的__________、__________系统运行环境。

9. 计算平台操作系统软件通常包含异构分布系统的__________、__________和__________等。

10. 自动驾驶网联模块的数据包括__________、__________、__________等信息和其他车辆信息，通过 V2X（车用无线通信技术）获得。

11. Linux 是一个开源的操作系统（OS），于 1991 年首次发布，是一个__________、__________、__________和__________的操作系统。

12. Ubuntu 系统有__________和__________两种下载方式。

13. Ubuntu 终端常用的打开方法有________________和________________两种。

14. 进行 Ubuntu 系统硬件的硬盘空间检查时，在终端输入“df”，会分别显示硬盘的______________和______________。

15. 中间件软件 CyberRT 具有______________、______________、________________和____________四个主要功能。

16. ROS 的基本功能是作为中间件为机器人和汽车自动驾驶软件提供通信和资源管理服务，在此基础上，ROS 由__________、____________、____________与__________四大部分组成。

二、选择题（每题 1 分，共 15 分）

1. 汽车电子电气架构的类型不包含（　　）。

A. 分布式　　B. 域集中式　　C. 单体式　　D. 车辆集中式

2. 工控机的英文缩写为（　　）。

A. MPC　　B. NPC　　C. IPC　　D. OPC

3. 针对（　　）及以上等级的自动驾驶汽车，随着自动驾驶等级的提升，计算平台的算力、接口等需求会相应增加。

A. L2　　B. L3　　C. L4　　D. L5

4. 深度学习加速器的英文缩写为（　　）。

A. ALA　　B. BLA　　C. CLA　　D. DLA

5. 奥迪 zFAS 自动驾驶计算平台有（　　）个核心元件。

A. 1　　B. 2　　C. 3　　D. 4

6. 数据分发服务的英文缩写为（　　）。

A. BDS　　B. CDS　　C. DDS　　D. EDS

7. 实时操作系统的英文缩写为（　　）。

A. RTOS　　B. STOS　　C. UTOS　　D. VTOS

8. 自动驾驶（　　）及以上等级自动驾驶系统具备通用、共性的框架模块，如感知、规划、控制等模块及其子模块。

A. L1　　B. L2　　C. L3　　D. L4

9.（　　）的每个模块负责单独的子任务，其优点是易于调试迭代，缺点是解耦就会丢失最优性，各个模块的优化并不以驾驶为最终目标，并且每个模块的误差会传递到之后的模块。

A. 普通模块化框架　　B. 多任务模块化框架

C. 端到端模块化框架　　D. 耦合模块化框架

10. Ubuntu 系统一般每（　　）年发布一个 LTS 版本。

A. 两　　B. 三　　C. 四　　D. 五

11. 在计算平台上安装 Ubuntu 系统时，需要准备一个存储空间在（　　）GB 以上的 U 盘。

A. 6　　B. 8　　C. 10　　D. 12

12. 进行 Ubuntu 系统硬件的内存信息检查时，按（　　）组合快捷键可调出终端窗口。

A. Ctrl+Alt+F　　B. Ctrl+Alt+T

C. Ctrl+Alt+S　　D. Ctrl+Alt+X

13. Ubuntu 20.04 LTS 系统对应 ROS 2.0（　　）版本。

A. Kinetic LTS　　B. Noetic LTS

C. Ardent　　D. Foxy LTS

14. Ubuntu 系统将可从互联网下载并安装的软件分为（　　）类。

A. 四　　B. 五　　C. 六　　D. 七

15. 集成开发环境的英文缩写为（　　）。

A. IDE　　B. IDF　　C. IDG　　D. IDH

三、判断题（每题 1 分，共 25 分）

1. 理想中的自动驾驶决策与控制层的控制器软件应能同时完成车身控制、底盘控

制和动力控制等多个车辆系统的操控功能。（　　）

2. 随着车辆电气系统日益复杂，各个控制器、传感器等部件之间所传输的信息内容也越来越复杂，所以对信息传输的实时性提出了更严苛的要求。（　　）

3. 异构是指计算平台部件所采用的异构计算机芯片硬件方案。（　　）

4. 智能网联汽车的电子电气架构由众多单功能芯片逐渐集中为各个域控制器，L2及以上等级自动驾驶功能要求计算平台具备系统冗余、平滑扩展的特点。（　　）

5. 在自动驾驶汽车中，原有的以控制器（ECU）为组成单位的计算架构已经无法适应现有需求。（　　）

6. 特斯拉公司于2019年推出的完全无人驾驶系统FSD是一款FPGA芯片，有专门独立的安全模块，只运行加密软件。（　　）

7. 英伟达Drive PX系统级芯片每秒可进行近10万亿次运算。（　　）

8. 工控机的机箱、主板、电源、CPU卡作为工控机组成部件，一般与普通计算机差别不大。（　　）

9. 工控机的电源参数是指输入电压与输出电压。（　　）

10. 多任务模块化框架的缺点是在不同任务之间可能会存在负面影响。（　　）

11. 网联数据与单车传感器系统的多种环境感知手段相结合，经过数据融合处理后，能够将单车感知范围扩展到数百米，车辆的自动驾驶系统可根据感知信息控制车辆启停、减速等行为，实现车辆间防碰撞等功能。（　　）

12. 云控模块基于自动驾驶通用模块，提供云控基础平台所需数据支撑，形成车端－边缘云－区域云－中心云四级支撑体系，实现交通设施控制与车辆控制协同。（　　）

13. Linux只支持64位硬件，能运行主要的UNIX工具软件、应用程序和网络协议。（　　）

14. Linux系统是类UNIX操作系统，该软件具有版权。（　　）

15. Linux系统被称为“可以运行在任何硬件上的操作系统”。（　　）

16. 采用间接安装法安装Ubuntu系统时，需先下载VMWARE WORKSTATION PRO软件。（　　）

17. 智能驾驶系统中的中间件通过统一标准，为不同汽车企业提供一个通用的开放

平台。（ ）

18. 相对于 ROS 1，ROS 2 的稳定性更强，对资源的消耗更低。（ ）

19. ROS 相对于 Ubuntu 系统而言属于第三方软件，因此，需要在安装前输入密钥指令。（ ）

20. ROS 的安装全程需保持网络状态良好，由于网络原因而连接超时可能会导致安装失败，只能重新安装。（ ）

21. ROS 拥有众多的现成应用模块，便于使用者直接采用，以节省开发时间。（ ）

22. ROS 应用功能中的上层功能类包括导航、环境感知和语音识别等。（ ）

23. 话题通信的信息流只能由发布者流向接收者，而且节点之间的通信无延迟。（ ）

24. 服务通信更适用于对实时性有要求、具有一定逻辑处理能力的应用场景。（ ）

25. ROS 中的参数服务器是独立于所有节点的一个公共容器。（ ）

四、简答题（每题 4 分，共 20 分）

1. 简述计算平台的安装及检查步骤。

2. 简述自动驾驶计算平台检查的工作内容。

3. 自动驾驶通用框架的功能主要体现在哪几个方面?

4. 简述 Linux 系统的特点，并对其进行简要说明。

5. 中间件软件 CyberRT 的突出特点是专为无人驾驶设计，简述其优势。